Nuestra Señora de Guadalupe

ESCRITO E ILUSTRADO POR
Tomie de Paola

TRADUCIDO POR PURA BELPRÉ

Holiday House · New York

para Ethel Souza y Jack Schanhaar

Library of Congress Cataloging in Publication Data

De Paola, Thomas Anthony.
Nuestra Señora de Guadalupe.

Translation of The Lady of Guadalupe.
SUMMARY: Recounts the appearance of the Lady of
Guadalupe to a poor Indian farmer in Mexico in 1531.
1. Guadalupe, Nuestra Señora de—Juvenile literature.
[1. Guadalupe, Nuestra Señora de. 2. Diego, Juan, fl.
1531] I. Title.
BT660.G8D4318   232.91   79-19609
ISBN 0-8234-0374-2
Spanish language paperback edition: ISBN 0-8234-0404-8

English language hard-cover edition: ISBN 0-8234-0373-4
English language paperback edition: ISBN 0-8234-0403-X

ace mucho tiempo, en el país llamado hoy México, vivía un indio llamado Juan Diego.

Ese no era siempre su nombre. Antes que los hombres blancos vinieran a través del mar desde España, Juan Diego era llamado «El-que-habla-como-un-águila.» Vivía simplemente en la aldea de Tolpetlac con su esposa y sembraba maíz y pagaba sus impuestos al gran Imperio Azteca.

Algunos de los hombres blancos eran llamados frailes. Hablaban de un Dios que era bondadoso y amable como un padre.

«El-que-habla-como-un-águila» y su esposa escuchaban a los frailes. Se convirtieron a cristianos y sus nombres fueron cambiados a Juan Diego y María Lucía. Eran fieles a su nueva religión y tenían mucha paz y felicidad.

Un invierno María se enfermó y murió. Juan Diego estaba desconsolado. Pero los frailes le dijeron que no se apenase, que seguramente una buena mujer como María Lucía estaba salva en el Reino de su nuevo Padre.

Juan Diego continuó trabajando fuerte y, tal como lo había hecho cuando su esposa estaba viva, iba cada sábado a la Iglesia de Santiago para rezar en la misa en honor a María, la Madre de Dios. Y luego se quedaba para la gran celebración de oraciones y misa el domingo.

Pero un día, el nueve de diciembre del año 1531, sucedió algo que cambiaría su vida para siempre.

Fue justamente antes de amanecer que Juan Diego se puso su tilma y salió para los servicios del sábado en la iglesia. Era una distancia bastante lejana de su aldea, pero Juan Diego estaba acostumbrado a ello. Caminaba a pie a un buen paso, como sus antepasados lo habían hecho siglos antes que él.

Mientras Juan Diego se acercaba al cerro de Tepeyac, oyó lo que pensó era un canto de pájaro. Pero era diferente. Sonaba como si un coro de pájaros estuviera cantando el canto que los frailes les habían enseñado. Le recordaba a Juan Diego la música de la Misa Mayor.

Mirando hacia arriba, vio que la cima del cerro estaba cubierta por una brillante nube blanca.

Decidió mirarla de cerca.

Mientras Juan Diego se acercaba, la nube pareció estallar en rayos de colores. De repente la música cesó. Silencio llenaba todo alrededor.

Entonces Juan Diego oyó una voz humana...la dulce, suave voz de una mujer...hablando en su propio lenguaje.

—Juan, —dijo la voz. —Juan Diego.

Juan Diego corrió a la misma cima del cerro. Cuando llegó allí, la nube se dividió, y él vio la más bella Señora vestida en lo que parecía el ropaje de una princesa azteca.

Juan Diego cayó de rodillas. La Señora parecía como si estuviera parada en frente del sol, con luz a todo su alrededor. Todo relucía y brillaba como si fuera hecho de joyas preciosas y de oro.

—Juan Diego,— dijo la Señora, —el más pequeño y más amado de mis hijos.

Juan se paró de pronto.

—¿Adónde vas, Juanito? —preguntó la Señora.

Juan Diego contestó lo más cortés posible, porque podía deducir que estaba hablando con una persona real. Le dijo a la Señora que iba a la Iglesia de Santiago para oír la misa en honor a la Madre de Dios.

—Mi muy querido hijo,— dijo la Señora. —Deseo que sepas que yo soy la Madre de Dios y quiero que me oigas cuidadosamente. Tengo un mensaje muy importante que darte. Deseo tener una iglesia construida aquí, donde pueda demostrar mi amor a toda tu gente, los indios. Debes ir en seguida a la casa del Obispo de México y decirle que yo te he mandado hacer esta petición. Dile que él debe construir la iglesia aquí, inmediatamente. Dile todo lo que has visto y oído.

Juan Diego estaba aturdido mientras se abría paso entre el gentío de la activa ciudad de México. No tuvo inconveniente en encontrar la casa del Obispo, porque todos los caminos conducían a la plaza principal. A un lado de la plaza estaba la Catedral y el hogar del Obispo. Altas paredes blancas y un enorme portón de madera rodeaban la casa.

Juan Diego le dio un porrazo a la pesada aldaba.

El portero, un fraile viejo, miró por la mirilla y abrió una puerta pequeña en el portón.

—Tengo asuntos importantes que tratar con Su Excelencia, el Obispo,— balbuceó Juan Diego.

El patio estaba ya lleno de gente, indios y españoles, que habían venido a pedir favores de Su Excelencia.

Juan Diego se arrinconó bajo un árbol para esperar. Esperó y esperó, observando a los mendigos, los payasos, adivinos y bailadores que siempre aparecían donde había un gentío.

Un fraile estaba caminando alrededor interrogando a aquéllos que habían venido a ver al Obispo. No alcanzó a Juan Diego hasta mediodía.

Juan Diego le dijo al joven fraile acerca de la Señora y su mensaje pero, en vez de llevarlo adentro para ver al Obispo, el fraile interrogó a Juan una y otra vez.

Al fin el fraile dijo: —Juan Diego, estoy seguro que a Su Excelencia le gustaría oír esto de tus propios labios. Pero él es un hombre muy atareado, así que tienes que ser paciente y esperar hasta que yo pueda arreglar una audiencia para ti.

Juan Diego esperó de nuevo.

Finalmente, al caer la tarde, el fraile regresó y guió a Juan Diego a un cuarto desamueblado. Sentado en un trono elevado estaba una pequeña figura, en la misma túnica parda que los frailes, rodeado de gente. Era el Obispo.

Con la ayuda de un intérprete, el Obispo preguntó:—¿Qué es lo que deseas de nosotros, hijo mío?

—Sólo que construya una iglesia para la Madre de Dios, que habló conmigo en la ladera de Tepeyac esta mañana al amanecer y me encargó que le pidiera a usted este pequeño favor,— contestó Juan.

Risa llenó el salón. El Obispo levantó la mano y el gentío calló.

Entonces el Obispo preguntó a Juan Diego todas las mismas preguntas que el joven fraile le había preguntado más temprano. Juan le dijo al Obispo todo lo que había pasado.

—Hijo mío,— el Obispo dijo lentamente en el lenguaje azteca, sin la ayuda de un intérprete, —yo tengo muchos asuntos urgentes de estado que tengo que atender primero. Si regresas dentro de unos días y repites todos los detalles que nos has dicho tan cuidadosamente, lo pensaremos. Sé paciente con nosotros,— añadió el Obispo.

Guiaron a Juan Diego a través del patio y fuera del portón.

Había fracasado. Nunca se le había ocurrido que la petición de la Señora no fuera concedida.

Juan estaba cansado y triste cuando caminó cuesta arriba hacia el cerro de Tepeyac para contar a la Señora de su fracaso.

La Señora estaba esperando en el mismo lugar. —Ah, bella Señora,— Juan Diego sollozó. —¡Yo he fracasado!

Le contó de su visita.

—Estoy seguro que el Obispo no me creyó,— continuó Juan. —Pero me dijo que regresara dentro de unos días. Y él dijo que pensaría seriamente acerca de ello.

Juan continuó excusándose por su fracaso, diciendo que quizás si la Señora enviaba a un niño o a un noble, en vez de un pobre e ignorante granjero...

Inclinó su cabeza en silencio.

—Mi querido hijo,— dijo la Señora. —Yo tengo muchos mensajeros que puedo enviar, pero eres tú el que necesito y quiero para este propósito. Te ruego que lo hagas por mí. Vete ahora a tu casa en la aldea. Pero mañana vuelve al Obispo y dile que yo exijo que construya una iglesia aquí en este mismo sitio.

Juan se dio cuenta de que debía hacer lo que pedía la Señora.

—Lo haré,— dijo Juan. —Por favor, espéreme aquí mañana a la puesta del sol. Yo sé que le traeré buenas noticias del Obispo. La dejo en paz ahora, Señora. ¡Que Dios la guarde!

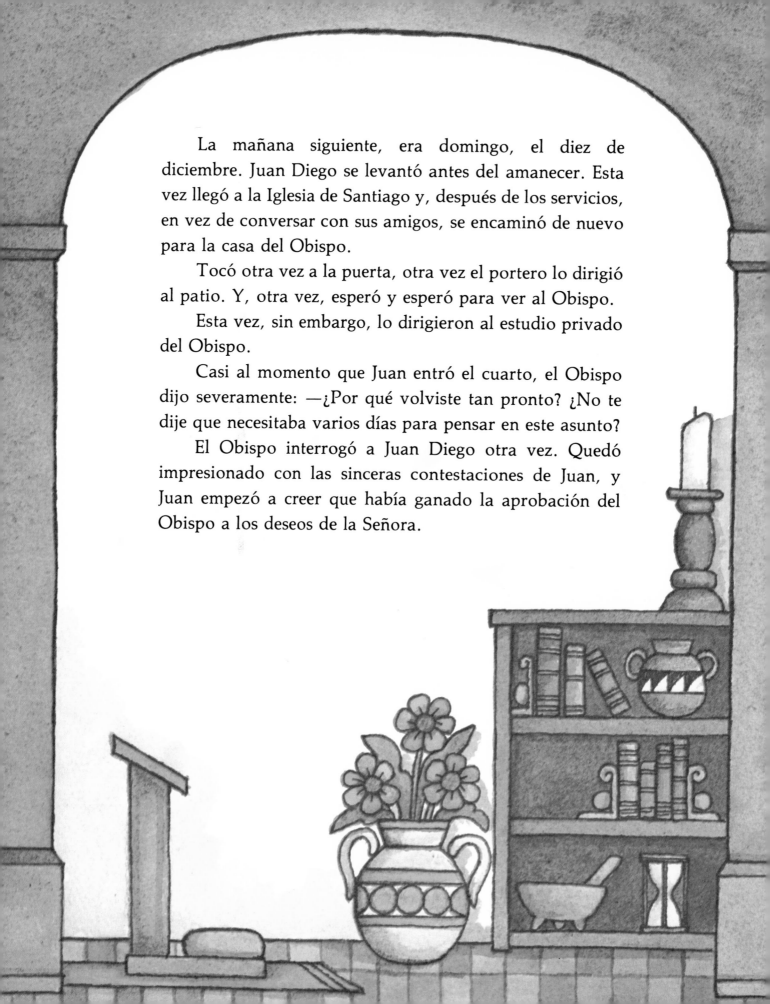

La mañana siguiente, era domingo, el diez de diciembre. Juan Diego se levantó antes del amanecer. Esta vez llegó a la Iglesia de Santiago y, después de los servicios, en vez de conversar con sus amigos, se encaminó de nuevo para la casa del Obispo.

Tocó otra vez a la puerta, otra vez el portero lo dirigió al patio. Y, otra vez, esperó y esperó para ver al Obispo.

Esta vez, sin embargo, lo dirigieron al estudio privado del Obispo.

Casi al momento que Juan entró el cuarto, el Obispo dijo severamente: —¿Por qué volviste tan pronto? ¿No te dije que necesitaba varios días para pensar en este asunto?

El Obispo interrogó a Juan Diego otra vez. Quedó impresionado con las sinceras contestaciones de Juan, y Juan empezó a creer que había ganado la aprobación del Obispo a los deseos de la Señora.

Pero el intérprete dijo: —Su Excelencia dice que él no puede hacer lo que se le ha pedido. Juan Diego debe volver donde está la señora y decirle que le dé alguna clase de señal — ¡una señal que demuestre claro que ella es realmente la Madre de Dios y que es verdaderamente su deseo que se construya la iglesia!

—Por supuesto, su Señoría— contestó Juan Diego. —Sólo tiene que elegir la señal que desee y estoy seguro que la Señora se alegrará de proveerla.

Hubo un gran murmullo y finalmente el Obispo le dijo a Juan que no era su puesto demandar, pero que estaría feliz con cualquiera clase de señal que la Señora escogiera para enviarle.

Después que Juan salió, el Obispo llamó a dos de sus sirvientes de confianza y les dijo que siguieran a Juan Diego y que no lo perdieran de vista.

Juan salió por la puerta lleno de gozo. Caminó apresuradamente para decirle a la Señora lo que había pasado.

Los dos sirventes eran indios y una vez podían correr tan veloz y fácilmente como Juan Diego. Pero, ahora habían engordado con la buena vida, por lo tanto, no pudieron seguirlo.

Juan Diego desapareció completamente de vista después que cruzó un pequeño puente sobre un arroyo.

Los dos sirvientes lo buscaron por todas partes. Se arrastraron bajo el puente y se llenaron de lodo. Siguieron el curso del arroyo alrededor de la colina. Iban y venían, pero Juan Diego parecía haber desaparecido en el aire.

Los sirvientes regresaron donde estaba el Obispo. —Este Juan Diego es un mago-mitad-tigre-con las alas de un águila,— dijo uno de los sirvientes. —Ha desaparecido.

—Debe venir del demonio,— dijo el otro.

—Nos ocuparemos de él, si regresa,— dijeron seriamente.

Pero el Obispo estaba absorto en sus pensamientos y rezó tratando de entender a este indio, Juan Diego, con su rara historia de la Señora y su mensaje.

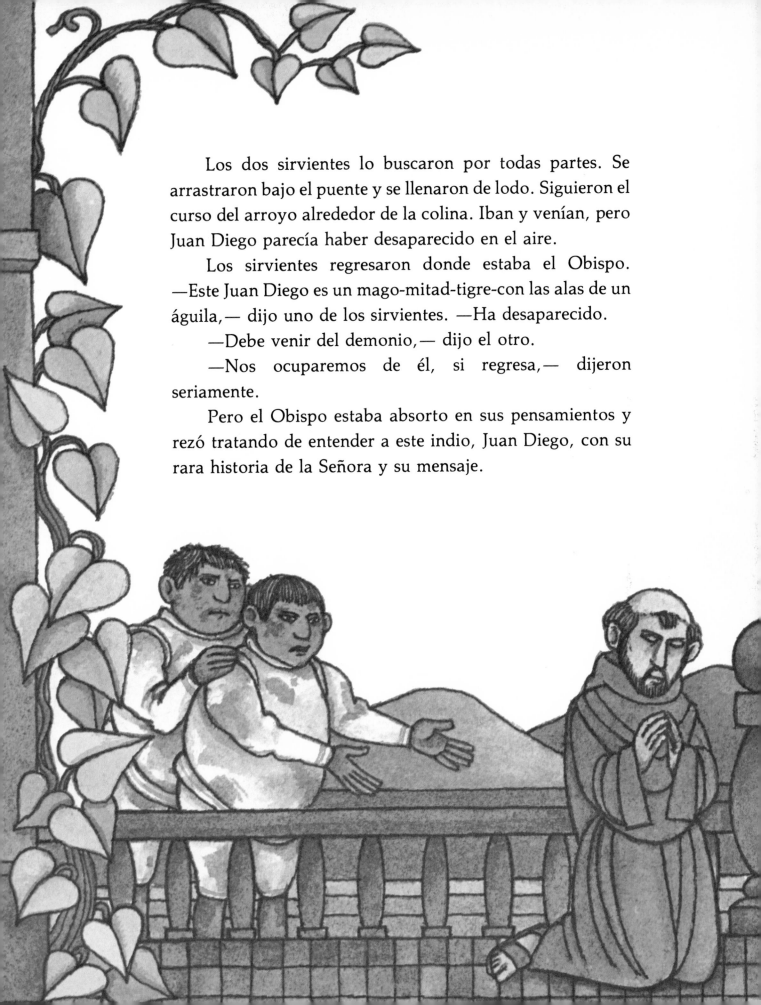

Juan Diego no tenía idea que lo habían seguido. Había regresado a donde la Señora en Tepeyac y le había dicho, una vez más, todo lo que había pasado.

Se sonrió con Juan Diego y le dio las gracias por ser tan paciente. Le dijo que regresara la próxima mañana, que ella estaría esperando. Entonces le daría al buen Obispo una señal.

Juan Diego se fue de prisa para su casa, feliz de que los deseos de la Señora serían concedidos.

Todos los vecinos lo estaban esperando.

—Juan, Juan,— gritaron. —Juan Bernardino, tu tío, está enfermo. Tememos que se esté muriendo.

Juan quería a su tío como a un padre. Juan Bernardino era su único familiar aún vivo, así que corrió para estar a su lado.

Su tío estaba realmente enfermo. Se quejaba, se revolvía y tenía una fiebre alta.

Toda la noche, Juan Diego se sentó y trató de ayudar a su tío con los antiguos remedios que la anciana adivinadora del pueblo le dijo.

Frotó su sudoroso cuerpo con una pluma y un huevo fresco, que luego fue roto y enterrado en la tierra.

Té hecho con hierbas y hojas de eucalipto fue forzado en la garganta del viejo.

Las mujeres enroscaron sus largas bufandas alrededor de y halaron esperando exprimir la fiebre.

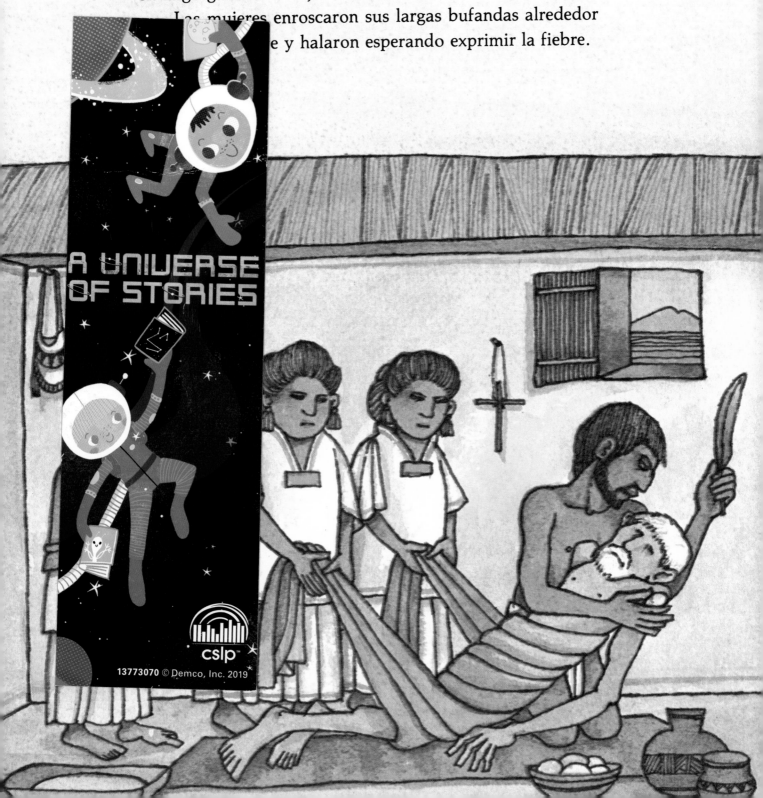

Pero era evidente a Juan Diego que ninguno de esos remedios podía salvar a su tío. En la claridad, antes del amanecer, Juan Diego salió hacia la Iglesia de Santiago a buscar al cura para que le diera a su tío la extrema unción.

La inquietud por su tío causó a Juan Diego olvidar completamente la reunión con la Señora. Fue sólo cuando se acercó al cerro de Tepeyac que la recordó.

Decidió rápidamente que debería traer al sacerdote primero, y entonces cumpliría su promesa e iría donde la Señora. Seguramente ella comprendería.

Juan Diego tomó el camino a través de un barranco en el fondo del cerro. Si la Señora estaba esperando, no lo vería. ¡Al justo momento que llegó alrededor de una sección de roca irregular, la vio!

Estaba aún rodeada por los rayos de luz, pero esta vez estaba parada sobre una luna creciente que estaba sostenida por un ángel con alas coloreadas.

Y estaba descendiendo del cerro para encontrarse con él.

Juan Diego cayó en la tierra y cubrió su cabeza con su tilma.

Pero la voz de la Señora era afable.

—¿Adónde vas, hijito mío?— preguntó ella.

Juan Diego sollozó. —No se enfade,— dijo, y le contó a la Señora acerca de su tío y por qué él estaba en camino para buscar al sacerdote.

La Señora escuchó y entonces habló otra vez.

—¿Crees tú que yo abandonaría a alguien que amo tanto, especialmente cuando estás haciendo tanto por mí? No te preocupes por tu tío. El no morirá de esta fiebre. De hecho, ya está curado.

Juan creyó a la Señora con todo su corazón y le preguntó por la señal que había prometido para ir prontamente donde el Obispo.

—Mi querido hijo,— dijo la Señora, —sube a la cima del cerro donde primero nos encontramos. Corta y recoge las rosas que encontrarás allí. Ponlas juntas en tu tilma y tráemelas aquí. Yo te diré lo que tendrás que hacer y decir.

Aún cuando Juan sabía que rosa no crecían en esa
ladera, especialmente en el invierno, corrió a la cima. Y allí
estaba el jardín más bello que jamás hubiera visto. Rosas de
Castilla con rocío aún en sus pétalos se extendían tan lejos
como él podía ver.

Cortó las mejores flores cuidadosamente con su
cuchillo de piedra, llenó su tilma con ellas y regresó aprisa
donde la Señora estaba esperando.

La Señora tomó las rosas, las arregló y las puso otra vez en la tilma de Juan. Entonces, amarrándola alrededor de su cuello, le dijo: —Ésta es la señal que el Obispo desea. Ve aprisa y no te detengas en el camino. Sobre todo, no enseñes lo que estás llevando a nadie excepto al Obispo. Cuando vea la señal construirá la iglesia que he pedido.

Por la tercera vez, Juan Diego salió a ver al Obispo. Sólo que esta vez no corrió sino que anduvo tan rápido como pudo, teniendo cuidado de no derramar las rosas milagrosas.

Otra vez le hicieron esperar en la casa del Obispo. Y aunque le preguntaron lo que cargaba, él rehusó enseñarle a ninguno.

La hora se hizo muy tarde. El pobre Juan Diego estaba empezando a pensar que nunca vería al Obispo. Y para colmo de males, los dos sirvientes que lo habían seguido la noche anterior, empezaron a insistir que les enseñara lo que cargaba.

Juan olvidó su promesa a la Señora y abrió un poquito su tilma para que los dos hombres pudieran vislumbrar las rosas.

Pero cada vez que los hombres trataban de agarrar las rosas de Castilla, ellas parecían desaparecer dentro de la tela de la tilma de Juan.

Asustados, corrieron donde el Obispo.

Balbuceaban y hablaban al mismo tiempo. —Lo hicimos esperar, esperanzados que nos enseñara lo que había en su tilma. Sabemos lo ocupado que Su Excelencia está. Entonces vimos que su tilma estaba llena de flores, no sólo flores, sino rosas, rosas de Castilla, ahora, en invierno. Parecían recién cortadas, con rocío en ellas.

—¿Y entonces?— dijo el Obispo.

—Cada vez que tratábamos de tocarlas...las rosas...era como si estuvieran pintadas o tejidas dentro del material de la tilma de Juan Diego.

El Obispo palideció. —Tráiganme a Juan Diego en seguida.

Trajeron a Juan Diego de prisa al estudio del Obispo.
Juan habló. —Tengo la señal que usted pidió.

Y abrió su tilma y dejó que las rosas se desparramaran sobre la alfombra.

Un grito salió de la boca del Obispo mientras Juan estaba parado teniendo abierta la tilma vacía, que aún estaba atada a su cuello.

El Obispo y cada uno en el salón cayó de rodillas. Y el Obispo empezó a decir la oración: —Dios te salve, María, llena eres de gracia...

Juan contestó la oración con los otros. De pronto comprendió que nadie estaba mirando las bellas flores en la alfombra. Todos estaban mirando su tilma.

Juan Diego bajó la vista. Su tilma de ásperas fibras de cacto se había convertido en una pintura de la Señora tal como la había visto últimamente al pie de Tepeyac.

—Perdóname, querido hijo mío, por mis dudas,— dijo el Obispo mientras ayudaba a Juan Diego a desamarrar la tilma. Se formó una procesión rápidamente, con el Obispo sosteniendo la milagrosa pintura, afuera por el patio aún lleno de gente, hasta dentro de la capilla privada del Obispo. El Obispo puso la pintura sobre el altar.

Después de esta ceremonia, el Obispo tuvo una conversación larga, larga solo con Juan Diego. Anotó todo con cuidado, especialmente todos los detalles acerca del lugar exacto donde la Señora había deseado que se construyera la iglesia.

Entonces el Obispo envió una gran compañía de gente con Juan Diego, para ver si su tío había sido realmente curado.

En verdad, Juan Bernardino estaba esperando, rodeado de todos los aldeanos.

Y él mismo tenía grandes noticias. Dijo cómo cuando estaba a punto de muerte, una bella Señora se le apareció, la misma Señora que se había encontrado con Juan Diego y cuyo retrato estaba ahora en la tilma.

Juan Bernardino tenía además un mensaje. —La Señora dijo que una iglesia iba a ser construida en el exacto lugar donde ella se encontró con Juan Diego. Dijo que era su deseo que la Santa Imagen fuera conocida como *Nuestra Señora María de Guadalupe.*

Cuando Juan Diego y su tío regresaron a la casa del Obispo, encontraron la plaza llena con miles de indios que habían oído del milagro. Vineron, dijeron, para ver y honrar la imagen de la Señora que quería demostrar amor a toda la gente del Nuevo Mundo, pero especialmente, a los indios.

En espacio de pocos días, una capilla de adobe fue construida al pie de Tepeyac. La pintura milagrosa fue puesta allí, y se construyó una choza para Juan Diego junto a ella. Juan pasó el resto de su vida cuidando la capilla.

Eventualmente, aunque fue muchos años después, una magnífica iglesia fue construida y hasta este mismo día, millones y millones de gente vienen a ver la imagen y a rezar a Nuestra Señora de Guadalupe.

Y hasta este día los indios mexicanos les dicen a los niños recién nacidos: —¡Que Dios sea tan bueno con ustedes como lo fue con Juan Diego!

NOTAS DEL AUTOR

La tilma de Juan Diego estaba hecha de *agave*, una tela tejida con fibras de cacto. A pesar de tener más de 400 años de antigüedad, todavía no muestra señales de deterioro. El *agave* generalmente se deteriora en diez años más o menos.

El colorido y la técnica del retrato siguen siendo un misterio. A través de los años, muchos artistas han tratado, sin éxito, de reproducir la combinación especial de aceite, acuarela, témpera y fresco. Los colores nunca se han desteñido.

Los expertos varían no estan de acuerdo en el significado de la palabra "Guadalupe." Algunos dicen que es una palabra derivada del lenguaje árabe, que significa "Rio Oculto."

Nuestra Señora de Guadalupe es la Santa Patrona de México.

Este libro fue compuesto en Palatino Medium por Faculty Press, Inc.
La impresión fue calcada en lámina de caucho de 80 libras, Mountie Matte, por Rae Publishing Company.
Los cuadros fueron hechos en lápiz, tintas y color de acuarela en papel Fabriano de 140 libras, papel hecho a mano para la acuarela.
La separación de colores fue hechas por Capper, Inc.
Encuadernado por Keenan Binders, Inc.

8